Libro para completar para la memoria

Qué sabes de tus abuelos?

Puede que vivan lejos o con usted, pero cada uno ha tenido experiencias que deben registrarse y conservarse. Estas historias te ayudarán a comprender mejor a tus padres y a conocerte mejor a ti mismo.

Ahora es un buen momento para comenzar, especialmente si tus abuelos todavía están vivos.

La mejor manera de conocerlos es haciéndoles preguntas. Si han fallecido, pídale a su familia que comparta sus recuerdos con usted. Luego, guarde lo que ha aprendido para las generaciones futuras.

Este Gide to question te ayudará a descubrir tus orígenes.

Comparte con nosotros tus hermosos momentos en los comentarios.

Historia de :

____

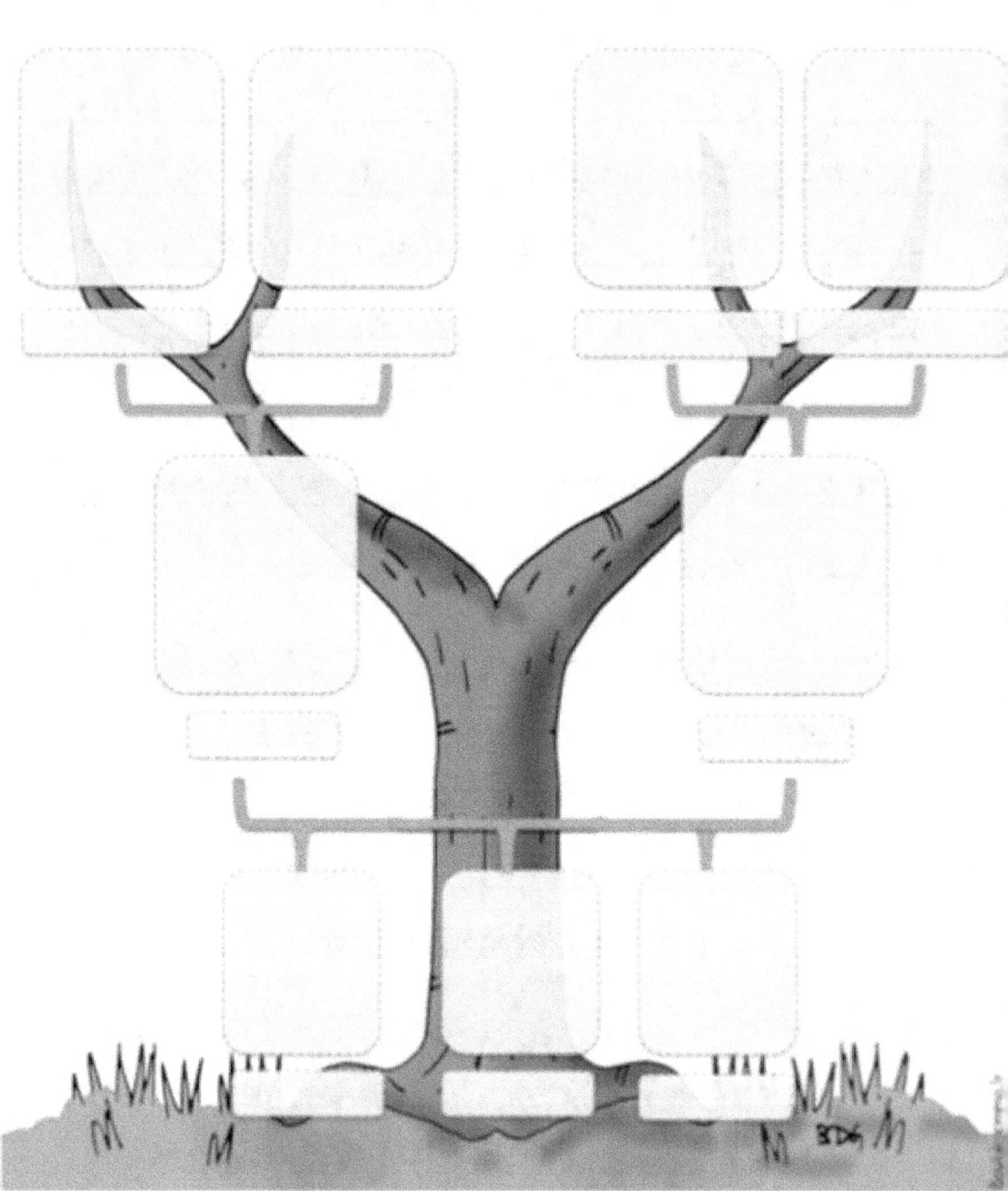

<u>**Las principales preguntas:**</u>

Comparte su nombre con alguien más en la familia?

____

____

____

———————

Tenías un apodo cuando eras niño?

____

—

Si es así, ¿cuál era ese apodo y cuál era el motivo?

____

____

____

———————

Tenías un apodo de adulto?

____

____

____

____

Cuándo y dónde naciste?

Cuál era la religión de tus padres y abuelos?

Practicas una religión?

Dónde fue tu primer hogar?

En qué otras casas has vivido?

Cuáles son sus primeros recuerdos de su hogar?

____

____

Puedes contar una historia o un recuerdo sobre tus hermanos?

____

____

____

____

____

____

____

____

____

____

____

Cuáles son los nombres completos de sus hermanos?

____

____

____

____

Cuáles eran los pasatiempos de su familia cuando era niño?

Cuáles eran algunas de las tareas que no te gustaban hacer cuando eras niño?

____

____

____

____

____

____

Qué tipo de libros te gusta leer?

____

____

____

____

____

____

____

____

Recuerdas una canción de cuna o una canción favorita ?

____

____

____

Cuando los tiempos fueron difíciles, recuerdas haber comido suficiente?

Cuáles eran tus juguetes favoritos?

Cuáles fueron tus juegos favoritos?

Hay alguna moda que te haya gustado especialmente?

A qué escuela fuiste y dónde fue?

Cómo viviste los años escolares?

____

Cuál era tu materia favorita en la escuela?

____

____

____

____

Cuál fue tu tema más difícil?

____

____

____

____

Quién fue tu maestro favorito y por qué?

____

____

____

____

____

____

____

Cuál es tu recuerdo favorito de la escuela?

Eras un buen estudiante en la escuela?

Cómo vestías en la escuela?

____

____

____

____

Quels sports pratiquiez-vous à l'école ?

____

____

____

____

Hubo un lugar de reunión en el que disfrutó pasar tiempo?

____

____

____

____

Recibiste algún premio por estudios o actividades en la escuela?

____

____

____

¿Cuántos años de escuela has completado?

¿Qué joven adulto has sido?

Ha obtenido un título de posgrado?

Cuando era niño, con qué trabajo soñaba?

Cuál fue tu primera profesión?

¿Qué edad tenías cuando te jubilaste?

¿Cómo elegiste tu profesión?

¿Cuáles son los diferentes trabajos que ha realizado a lo largo de los años?

Si estuvo en el ejército, cuáles eran sus deberes y cuándo y dónde sirvió?

Qué edad tenías cuando empezaste a salir de noche?

Recuerdas tu primera cita?

____

Cuándo y dónde conociste a tu pareja actual?

¿Cuánto tiempo se conocían cuando se casaron?

¿Cómo fue tu propuesta de matrimonio?

Cuándo y dónde te casaste?

Describe la ceremonia.

Quiénes estuvieron presentes en tu boda? (testigos, damas de honor, invitados, etc.)

Fuiste de luna de miel?

Cuantas veces te has casado?

Cómo describiría a su cónyuge?

Qué es lo que más admira de su pareja?

Cuánto tiempo has estado casado?

Si su pareja murió, cuándo y dónde sucedió?

Qué consejo le daría a un hijo o nietos el día de su boda?

Cómo se enteró de que iba a ser padre por primera vez?

Cuántos hijos tienes ?

Cuáles son sus nombres, fechas de nacimiento y dónde viven actualmente?

Cómo elegiste sus nombres?

Recuerda cosas que hicieron sus hijos cuando eran pequeños que realmente le sorprendieron?

Cuál es una de las cosas más divertidas que hacían
sus hijos cuando eran pequeños?

Cuál ha sido la parte más divertida de la educación
de sus hijos para usted?

Si tuviera que empezar de nuevo, qué cambiaría en la forma en que crió a sus hijos?

Cuál fue la parte más difícil de criar a sus hijos?

Se ve a sí mismo como un padre duro?

Qué ha sido lo más gratificante de ser padre?

Tus hijos han roto algo querido para ti?

Ha tenido que criar a uno de sus hijos de manera
diferente a los demás? Por qué ?

Cómo vivió el ingreso de sus hijos a la escuela?

¿Qué consejo les daría a sus hijos y nietos para ser
buenos padres?

____

____

____

Dónde vivían sus suegros?

____

____

____

____

Si es así, cuándo y dónde murieron tus padres?

____

____

____

____

Como murieron? Dónde fueron hospitalizados?

____

____

____

En qué cementerio están enterrados?

Si es así, ¿qué recuerdas cuando fallecieron tus suegros?

Recuerdas haber escuchado a tus abuelos hablar sobre sus vidas? Que dijeron?

Conociste a uno de tus bisabuelos?

____

Quién fue la persona más vieja de tu infancia que puedas recordar?

____

Ha tenido alguna enfermedad infantil?

____

Padeces alguna enfermedad genética?

Haces ejercicio con regularidad?

Tienes malos hábitos?

Alguna vez ha sido víctima de un delito?

Ha tenido algún accidente importante?

Alguien te salvó la vida?

____

Alguna vez ha sido hospitalizado? Por qué razón?

____

Alguna vez ha tenido una operación?

____

Cuáles crees que son los inventos más importantes que se han producido en tu vida?

Recuerda la primera vez que vio un automóvil, un televisor o un refrigerador?

En qué se diferenciaba el mundo cuando eras niño?

Recuerdas a tu familia hablando de política?

Cómo te definirías políticamente?

Has pasado por una guerra?

Ha admirado a un presidente o líder mundial que vio en el poder?

Cómo viviste en los días de escasez de alimentos?

Dime el nombre de una persona que haya sido tu amiga durante muchos, muchos años.

Hay alguien en tu vida a quien hayas considerado un alma gemela? Quién era y por qué sentiste esta conexión especial?

____

____

____

____

____

____

____

Cuáles fueron las decisiones más difíciles de tomar?

____

____

____

____

____

____

____

____

____

Quién es la persona que cambió tu vida?

____

____

____

____

____

Si pudieras cambiar algo por tu cuenta, qué sería?

____

____

____

____

____

____

____

____

____

____

____

Qué es lo más difícil por lo que has pasado?

Avez-vous déjà joué un instrument de musique ?

Te consideras creativo?

Cuál es la broma más divertida que conoces?

Qué actividades te ha gustado hacer de adulto?

Cuáles son sus pasatiempos ?

Qué te gusta hacer cuando no estás trabajando?

Qué es lo más asombroso que te ha pasado?

Has conocido a alguien famoso?

Quiénes eran tus abuelos?

De dónde vienen ellos?

Cómo se siente acerca de las decisiones importantes en su vida, como su profesión, su educación y su cónyuge?

A qué organizaciones o grupos pertenecías?

Ha ganado alguna vez un premio en su vida adulta?

Cuál es el viaje más largo en el que has estado?

Cuál fue tu lugar de vacaciones favorito?

____

____

____

____

____

____

____

____

____

____

____

Qué animales tienes?

____

____

____

____

____

Hay algo que siempre has querido hacer pero que aún no has hecho?

Qué profesión tenían tus padres (agricultor, comerciante, gerente, costurera, enfermera, ama de casa, profesión liberal, especialista / trabajador, etc.)

Qué dificultades o tragedias experimentó su familia cuando era joven?

Cuáles son los nombres de pila de sus hermanos y hermanas?

Describe algo que te llamó la atención de cada uno de tus hermanos.

-Cuáles son las tradiciones familiares que
recuerdas?

____

____

____

____

____

____

-Tu familia tenía una forma particular de celebrar
determinadas fiestas?

____

____

____

____

____

____

-Comparte algunos recuerdos que tengas de tus
abuelos.

____

____

____

-Tus abuelos vivían cerca de ti?

Si es así, ¿qué tan involucrados estuvieron en tu vida?

Si vivieran lejos, ¿irías a visitarlos?

____

Como le fue?

____

____

____

____

Quiénes eran tus tíos y tías?

____

____

____

____

Tienes tíos o tías que realmente te marcaron?

____

____

____

Descríbalos (su nombre, su personalidad, lo que recuerda haber hecho con ellos, etc.)

____

____

-Qué sabes de tus antepasados: bisabuelos paternos, bisabuelos maternos?

-Has heredado una casa familiar?

Puedes contarnos una anécdota sobre esta casa?

-Si la religión no formaba parte de tu vida, por qué?

- Mencionas algunos platos que hacían tu madre o tu padre que tienes un recuerdo específico?

____

____

____

____

____

____

____

____

____

-Has construido esta casa en la que vives, ¿tienes alguna anécdota al respecto?

____

____

____

____

____

____

____

-Cuáles fueron los principales eventos mundiales, nacionales o locales que tuvieron lugar durante tu vida?

-Cómo han cambiado tu vida estos eventos?

-Qué puntos de vista o filosofías de vida te gustaría transmitir?

-Cuáles son los valores personales que son muy importantes para ti? Qué ha hecho (o está haciendo ahora) para transmitir estos valores a sus hijos?

____

____

____

____

____

____

-Nombra al menos cinco personas que consideres grandes hombres o mujeres. Qué han hecho que los haga grandes a tus ojos?

____

____

____

____

____

____

____

____

____

____

____

-Menciona 5 eventos interesantes que hayas vivido.

-Qué talentos tienes?

Cómo los descubrió?

Qué has hecho para cultivarlos y mejorarlos?

Qué han cambiado en tu vida?

-Mencione cinco experiencias o eventos que sean importantes para usted y explique su impacto en su vida.

-Cuáles son las lecciones de vida que le gustaría transmitir a su posteridad?

-En cuántos lugares has vivido?

Dé una breve descripción de cada lugar donde ha vivido, los motivos de su estadía y su mudanza.

-Al final del día, qué quieres que se recuerde de ti?

____

____

____

____

____

____

____

____

____

____

____

____

____

Qué legado te gustaría dejar?

____

____

____

-Cómo pasaste tus veranos?

-Cuál es tu opinión sobre el dinero?

www.ingramcontent.com/pod-product-compliance
Lightning Source LLC
Chambersburg PA
CBHW080912160726
48000CB00009B/2950